GANZ SCHÖN

Jane Austen

LESEVERGNÜGEN
FÜR STARKE FRAUEN

arsEdition

Jemand, der keine Freude
an einem guten Roman hat,
muss unerträglich dumm
sein, ganz gleich
ob Mann oder Frau.

Jane Austen wuchs im ländlichen England des 18. Jahrhunderts in bürgerlichen Verhältnissen auf. Die Familie war gebildet und belesen, sodass die junge Jane Austen für die damalige Zeit als Mädchen vergleichsweise gut gefördert wurde und eine relativ umfassende Ausbildung genoss, obwohl sie dennoch auch auf ihre Rolle als Ehe- und Hausfrau, Mutter und Gastgeberin vorbereitet wurde.

Ihr Vater war Geistlicher, der von wohlhabenden Verwandten protegiert wurde, daher gestattete er Jane freien Zugang zu seiner Bibliothek. Sie begann folglich schon recht früh, im Alter von etwa zwölf Jahren, ihre ersten literarischen Werke zu verfassen.

Zunächst nur im Familienkreis, später jedoch, nachdem sie den Druck ihrer Bücher finanzieren konnte, auch zum Verkauf und zur Unterhaltung aller.

Jane Austen hat nie geheiratet und lebte eher zurückgezogen im Familien- und Freundeskreis.

Sie ist eine der wenigen Autorinnen des beginnenden 19. Jahrhunderts, die immer noch gelesen werden und deren Romane sogar erfolgreich verfilmt wurden. Ihre Werke sind geprägt von prägnanten Beschreibungen der damaligen Gesellschaft, von Humor und Satire.

> ## Dass uns eine Sache fehlt, sollte uns nicht davon abhalten, alles andere zu genießen.
>
> *Jane Austen*

Zitate

ICH VERLANGE VON
DEN LEUTEN NICHT,
DASS SIE MIR
ANGENEHM SIND,
WEIL ES MICH VOR DEM
PROBLEM BEWAHRT,
SIE ZU MÖGEN.

Wenn irgendetwas

Unerfreuliches passiert,

kommen die Männer

mit Sicherheit drum herum.

Wenn du **nichts Schlechtes**
über einen anderen zu sagen weißt,
sage lieber überhaupt nichts.

Rücksicht auf die Verwandten ist
die Wurzel allen weihnachtlichen Unglücks.

Sie war vernünftig genug einzusehen,
dass ein Mann von fünfunddreißig
die Zeit der überschwänglichen Gefühle
und ausschweifenden Amüsements
wohl bereits hinter sich gelassen hatte.

Erlauben Sie mir,
nicht mehr zu fühlen,
als ich bekunde.

WIESO GÖNNEN WIR UNS
DEN GENUSS NICHT SOFORT?
WIE OFT WIRD DIE FREUDE
DURCH VORBEREITUNGEN
VERDORBEN, DURCH TÖRICHTE
VORBEREITUNGEN!

Wir sollten
nicht immer gleich
annehmen,
wir seien absichtlich
gekränkt worden.

Eitelkeit und Stolz sind zwei
verschiedene Dinge, obwohl die
Wörter oft bedeutungsgleich
verwendet werden. Ein Mensch
kann stolz sein, ohne eitel zu sein.
Stolz hat mehr damit zu tun,
was wir von uns selbst halten, und
Eitelkeit mehr damit, wie wir von
anderen gesehen werden wollen.

Freundschaft ist sicherlich

der beste Balsam für die Wunden

einer enttäuschten Liebe.

Frauen bilden sich rasch ein,
ein wenig Bewunderung
hätte mehr zu bedeuten.

ES WIRD FÜR EINEN MANN
IMMER UNFASSBAR BLEIBEN,
DASS EINE FRAU
EINEN HEIRATSANTRAG
ZURÜCKWEISEN KÖNNTE.

In neun von zehn Fällen
sollte eine Frau lieber mehr Zuneigung zeigen,
als sie verspürt.

**Glück in der Ehe
ist allein eine Sache
des Zufalls.**

Verstand und Gefühl

WENN ICH DOCH NUR
SEIN HERZ KENNEN WÜRDE,
ALLES WÜRDE
EINFACH WERDEN.

ES MACHT UNS NICHT AUS,
WAS WIR SAGEN ODER DENKEN,
SONDERN WAS WIR TUN.

»Es hat nicht jeder«,

sagte Elinor,

»eine Leidenschaft

für tote Blätter.«

Ich wünsche mir,

wie jeder andere auch,
vollkommen glücklich zu sein;
aber, wie bei jedem anderen,
muss es auf meine eigene Weise sein.

SIE WAR DARAUF EINGESTELLT,
VÖLLIG DURCHNÄSST, ERMÜDET
UND ERSCHÖPFT ZURÜCKZUKEHREN,
ABER ES SOLLTE NOCH SCHLIMMER
KOMMEN, DENN SIE FUHREN
ÜBERHAUPT NICHT LOS.

Weder Zeit noch Gelegenheit

können Intimität bestimmen; –
das kann die Gesinnung allein.
Sieben Jahre würden nicht reichen,
mache Leute miteinander bekannt zu machen,
und sieben Jahre sind
für andere mehr als genug.

Ich habe nie die Absicht,

Anstoß zu erregen, aber ich bin so kindisch
schüchtern, dass ich oft nachlässig erscheine,
wo mich in Wirklichkeit nur meine
angeborene Unbeholfenheit zurückhält.
… Schüchternheit ist nur die Folge von
irgendwelchen Minderwertigkeitsgefühlen.
Wenn ich mich selbst überzeugen könnte,
dass mein Benehmen vollkommen gelassen und
gewandt wäre, dann wäre ich nicht schüchtern.

Ich werde ruhig sein.
Ich werde meine
eigene Herrin sein.

Elinor stimmte allem zu,

denn sie fand nicht,

dass er die Anerkennung

einer rationalen Opposition

verdiente.

Zu wünschen war zu hoffen,
und zu hoffen war zu erwarten.
Sie war alleine stärker ...

Kenne
dein eigenes
Glück.

WENN EIN BUCH
GUT GESCHRIEBEN IST,
FINDE ICH ES
IMMER ZU KURZ.

Immer Resignation und Akzeptanz.
Immer Vorsicht und Ehre und Verpflichtung.
Elinor, wo ist dein Herz?

Es gibt etwas so Liebenswertes in den
Vorurteilen eines jungen Verstandes,
dass es einem leidtut, wenn man sieht,
wie diese Platz machen für die
Aufnahme von geläufigeren Meinungen.

WEISS GOTT,
IN MEINEM GANZEN LEBEN
HABE ICH NOCH KEIN
JUNGES MÄDCHEN
SO HOFFNUNGSLOS
VERLIEBT GESEHEN!

Ich könnte nicht glücklich sein mit einem Mann,
dessen Geschmack nicht in jedem Punkt
mit meinem eigenen übereinstimmt.
Er muss in all meine Gefühle eindringen:
dieselben Bücher, dieselbe Musik
muss uns beide bezaubern.

Elinor ging in ihr Zimmer,

wo es ihr freistand, zu denken

und sich elend zu fühlen.

»Wissen Sie, was für ein

Mädchen Miss Grey ist?

Soll sie liebenswürdig sein?«

»Ich habe nichts Nachteiliges

über sie gehört. Ehrlich gesagt,

ich habe so gut wie nie

etwas über sie gehört …

»Und nun ist sie auch noch hinausgegangen
und hat den Wein stehen lassen!
Und die kandierten Kirschen auch!
Großer Gott, anscheinend hilft ihr gar nichts.«

Stolz und Vorurteil

ES IST EINE ALLGEMEIN
ANERKANNTE WAHRHEIT,
DASS EIN JUNGGESELLE
IM BESITZ EINES SCHÖNEN
VERMÖGENS NICHTS
DRINGENDER BRAUCHT
ALS EINE FRAU.

Je mehr ich von der Welt sehe, umso mehr bin ich von ihr enttäuscht, und jeder neue Tag bestätigt meine Auffassung von der Unbeständigkeit aller menschlichen Charakterzüge und gibt Zeugnis davon, wie wenig man sich auf den Schein von Anstand und Vernunft verlassen kann.

Denk an die Vergangenheit nur dann, wenn die Erinnerung daran Vergnügen bereitet.

»Oh, unerhört«,
rief Miss Bingley,
»so etwas Abscheuliches
habe ich noch nie gehört.
Wie wollen wir ihn
für diese Unverschämtheit
bestrafen?«

Ich kannte deine Veranlagung gut genug,

um zu wissen, dass du es Lady Catherine

frei heraus gesagt haben würdest,

wenn du dich endgültig und unwiderruflich

gegen mich entschieden hättest.

»Vergeblich habe ich mit mir gekämpft.
Es nützt nichts. Meine Gefühle lassen sich nicht
unterdrücken. Ich muss Ihnen einfach sagen,
wie sehr ich Sie bewundere und liebe.«

»Es sei mir fern,
meine liebe Schwester,
auf solche Vergnügungen herabzusehen.
Sie entsprechen zweifellos vollkommen
dem weiblichen Gemüt. Aber ich muss
gestehen, dass sie für mich keinerlei
Reiz haben – ich ziehe ein gutes Buch
bei Weitem vor.«

**Sie wechselte
die Farbe
und schwieg.**

Nur den,
der mein Herz berührt,
will ich heiraten.

Ich sollte dir sagen,

dass du mich ganz und gar

verzaubert hast

und dass ich dich liebe.

Männer sind entweder von Dummheit zerfressen oder von Arroganz. Und ist einer liebenswert, lässt er sich so leicht lenken, als hätte er keinen eigenen Verstand.

Ich könnte ihm seine
Eitelkeit
leichter verzeihen,
hätte er die meine
nicht verletzt.

LIZZY: »Mr. Collins, werden diese Komplimente aus dem Moment heraus geboren, oder sind sie das Ergebnis eingehender Studie?«

MR. COLLINS: »Oh, obwohl ich mir zuweilen den kleinen Spaß gönne, die ein oder andere kleine Nettigkeit vorzubereiten, kann ich doch sagen, dass ich die meisten Komplimente vollkommen ungeprobt hervorbringe.«

LIZZY: »Ooooh... niemand würde je den Verdacht hegen, Ihre Manieren seien einstudiert.«

»UM HIMMELS WILLEN!
DAS WÄRE DAS GRÖSSTE UNGLÜCK!
EINEN MANN NETT FINDEN,
DEN MAN UM JEDEN PREIS
HASSEN MÖCHTE!«

»WIR SIND BEIDE UNSOZIAL
UND SCHWEIGSAM, AM SPRECHEN
NICHT INTERESSIERT, ES SEI DENN,
WIR BILDEN UNS EIN, ETWAS
HERVORZUBRINGEN, WAS DIE
GANZE ANWESENDE GESELLSCHAFT
IN ERSTAUNEN VERSETZT
UND DER NACHWELT ÜBERLIEFERT
WERDEN KANN.«

Wie viel hätte man in der Zeit

sagen können und das Schweigen

wurde peinlich. Sie hätte gerne

etwas gesagt, aber fast alle

Themen schienen ihr tabu.

Da Miss Bingley überzeugt war,
Darcy sei in Elizabeth verliebt, war
dies sicher nicht die beste Methode,
sich selbst zu empfehlen, aber zornige
Leute sind nicht immer klug, und
als er ihr zum Schluss etwas gereizt
erschien, war ihr Ziel erreicht.

Sie sprachen über seine Schwester,
seine Freunde, sein Haus, sein Obst –
über alles außer ihn selbst, und doch
hätte Elizabeth gar zu gern gewusst,
was Mrs. Gardiner von ihm hielt,
und Mrs. Gardiner wäre froh
gewesen, wenn Elizabeth von
dem Thema angefangen hätte.

Elizabeth hätte dieses Maß an

Selbstsicherheit bei ihm nicht

für möglich gehalten, aber beim

Hinsetzen nahm sie sich vor, der

Schamlosigkeit eines schamlosen

Mannes in Zukunft alles zuzutrauen.

Mansfield Park

ABER NATÜRLICH GIBT
ES AUF DER WELT NICHT
SO VIELE MÄNNER
MIT ANSEHNLICHEM
VERMÖGEN,
WIE ES FRAUEN GIBT,
DIE SIE VERDIENEN.

Mögen andere Federn

bei Schuld und Elend

verweilen.

ICH HABE
MEIN HERZ VERLOREN,
JEDOCH NICHT
MEINE SELBSTKONTROLLE.

Das Leben
scheint nur
eine schnelle
Abfolge von
geschäftigem
Nichts
zu sein.

WIR HABEN ALLE
EINE BESSERE FÜHRUNG
IN UNS SELBST,
WENN WIR IHR
FOLGEN WÜRDEN,
ALS IRGENDEIN ANDERER
MENSCH SEIN KANN.

Selbstsucht muss
immer vergeben werden,
weißt du, denn es gibt
keine Hoffnung
auf Heilung.

EIN HOHES EINKOMMEN
IST DAS BESTE REZEPT FÜR GLÜCK,
VON DEM ICH JE GEHÖRT.

Ich war still,
aber ich war nicht blind.

EINE FREUDE AM LESEN,
RICHTIG GERICHTET,
MUSS EINE LEHRE IN SICH SEIN.

Ihre eigenen **Gedanken** und Überlegungen
waren gewöhnlich ihre besten Begleiter.

JEDER MOMENT
HAT SEINE VERGNÜGEN UND
SEINE HOFFNUNG.

Oh! Greife mich nicht mit deiner Uhr an.
Eine Uhr ist immer zu schnell oder zu langsam.
Mir kann nichts von einer Uhr vorgeschrieben
werden.

Lasst uns
den Luxus
der Stille
haben.

Wenn ich denen,
die ich liebe, etwas Gutes tun kann,
tue ich es von Herzen.

»An mir kann nie jemandem etwas liegen.«
»Und warum nicht?«
»Aus vielen Gründen – meine Lage,
meine Dummheit und Unbeholfenheit.«

DU MUSST DICH WIRKLICH
AN DEN GEDANKEN GEWÖHNEN,
DASS DU ES WERT BIST,
ANGESEHEN ZU WERDEN.
DU MUSST VERSUCHEN,
NICHTS DAGEGEN ZU HABEN,
DASS DU ZU EINER HÜBSCHEN
JUNGEN FRAU HERANWÄCHST.

Miss Crawford hatte völlig recht mit dem,
was sie neulich über dich sagte –
dass du anscheinend so viel Angst vor
Beachtung und Lob hast wie andere Frauen
vor Vernachlässigung.

Und wenn es regnen sollte,

was ich für außerordentlich
wahrscheinlich halte, denn ich
habe in meinem ganzen Leben
noch keinen Abend gesehen, der
so nach Regen aussah, dann musst
du eben sehen, wie du zurechtkommst,
und nicht etwa erwarten, dass dir
die Kutsche geschickt wird.

Wissen Sie, ich fange schon an, diese komische Mode gern zu mögen, aber als ich zuletzt davon hörte, dass solche Sachen jetzt in England getragen werden, konnte ich es erst gar nicht glauben, und als Mrs. Brown und die anderen Frauen beim Gouverneur in Gibraltar in demselben Kopfschmuck erschienen, dachte ich, sie wären verrückt geworden, aber Fanny kann mich mit allem versöhnen.

> Er zweifelte nicht mehr
>
> am Reichtum von Fannys Herz.
>
> Sie besaß Gefühl,
>
> echtes Gefühl.

Es war grausam, glücklich zu sein, wenn Edmund litt, und doch musste und würde ihr Glück zum Teil gerade aus der Überzeugung entspringen, dass er wirklich litt.

Emma

DUMME DINGE
HÖREN AUF, DUMM ZU SEIN,
WENN SIE VON
VERNÜNFTIGEN LEUTEN
AUF EINE UNVERSCHÄMTE ART
GETAN WERDEN.

The Penguin English Library

JANE AUSTEN
EMMA

DIE EINE HÄLFTE
DER WELT
KANN DIE FREUDEN
DER ANDEREN
NICHT VERSTEHEN.

Sei lieber ohne Verstand,
als dass du ihn falsch
anwendest.

Ohne **Musik**
wäre das Leben
für mich leer.

DEM GLÜCKLICHEN
FÄLLT ES SCHWER,
DEMÜTIG ZU SEIN.

Ich verdiene immer
die beste Behandlung,
weil ich mich nie
mit einer anderen
zufriedengebe.

ES GIBT MENSCHEN,
JE MEHR DU FÜR SIE TUST,
DESTO WENIGER
TUN SIE FÜR SICH SELBST.

Selten, sehr selten,

gehört eine ganze Wahrheit

zu irgendeiner

menschlichen Offenlegung;

selten kann es passieren,

dass etwas nicht ein

bisschen getarnt ist oder

ein bisschen falschliegt.

Ich kann keine Reden halten, Emma …

Liebte ich dich weniger, wäre ich vielleicht in der Lage, mehr darüber zu sprechen. Aber du weißt, was ich bin. Du hörst nichts außer Wahrheit von mir. Ich habe dich beschuldigt, ich habe dir Vorträge gehalten, und du hast es ertragen, wie keine andere Frau in England es ertragen hätte.

Du musst
der beste Richter
über dein
eigenes Glück
sein.

Verständige Männer,
was immer man auch
zu sagen wählt,
wollen keine dummen
Ehefrauen.

Sollte ich mich verlieben, in der Tat,
wäre es eine andere Sache; aber ich war
noch nie verliebt; es ist nicht meine Art
oder meine Natur; und ich glaube nicht,
dass ich es je sein werde.

In der Tat, ich bedauere sehr,
in dieser Sache recht zu
haben. Ich wäre viel lieber
glücklich als weise gewesen.

EITELKEIT, MIT EINEM SCHWACHEN KOPF ARBEITEND, ENTWICKELT JEGLICHE ART VON UNFUG.

Sie war eine von jenen,
die, einmal begonnen,
immer verliebt
sein würden.

»Mr. Knightley,
wenn ich nicht gesprochen
habe, ist es, weil ich
Angst habe, mich selbst
aus diesem Traum
aufzuwecken.«

SIE SAH ES ALS EINE
GRUNDREGEL AN, HARRIET,
DASS WENN EINE FRAU ZWEIFELT,
OB SIE EINEN MANN ANNEHMEN
SOLL ODER NICHT, SIE IHN MIT
SICHERHEIT ABLEHNEN SOLLTE.

Kloster Northanger

OH!
ICH BIN BEGEISTERT
VON DEM BUCH!
ICH WÜRDE GERN
MEIN GANZES LEBEN
DAMIT VERBRINGEN,
ES ZU LESEN.

Besonders eine Frau sollte,

wenn sie schon das Unglück hat,

irgendetwas zu wissen,

es immer so gut wie möglich

verbergen.

Die Person, sei sie Gentleman oder Lady, die kein Vergnügen an einem guten Roman hat, muss unerträglich dumm sein.

Es gibt nichts, was ich nicht tun würde, für jene, die wirklich meine Freunde sind. Ich begreife nicht, wie man Menschen nur zur Hälfte lieben kann, das ist nicht meine Art.

Es ist nur ein Roman ...

oder, um es kurz zu fassen,
nur irgendein Werk, in welchem
die höchsten Fähigkeiten des Geistes
gezeigt werden, in welchem das
meiste Wissen der Menschheit,
die glücklichsten Beschreibungen
seiner Varianten, die lebhaftesten
Ergüsse von Witz und Humor der Welt
in der bestgewählten Sprache
vermittelt werden.

Es wäre beschämend für die Gefühle
vieler Frauen, könnten sie verstehen,
wie wenig das Herz eines Mannes
von dem betroffen ist, was teuer
oder neu an ihrer Kleidung ist ...
Die Frau ist für ihre eigene Zufriedenheit fein.
Kein Mann wird sie dafür mehr
bewundern, keine Frau sie
deswegen lieber mögen.
Ordentlichkeit und Stil
sind genug für Ersteren,
und ein wenig Schäbigkeit
oder Unangemessenheit wird
höchst liebenswert
auf die Letztere wirken.

Ich kann nicht
gut genug sprechen,
um unverständlich
zu sein.

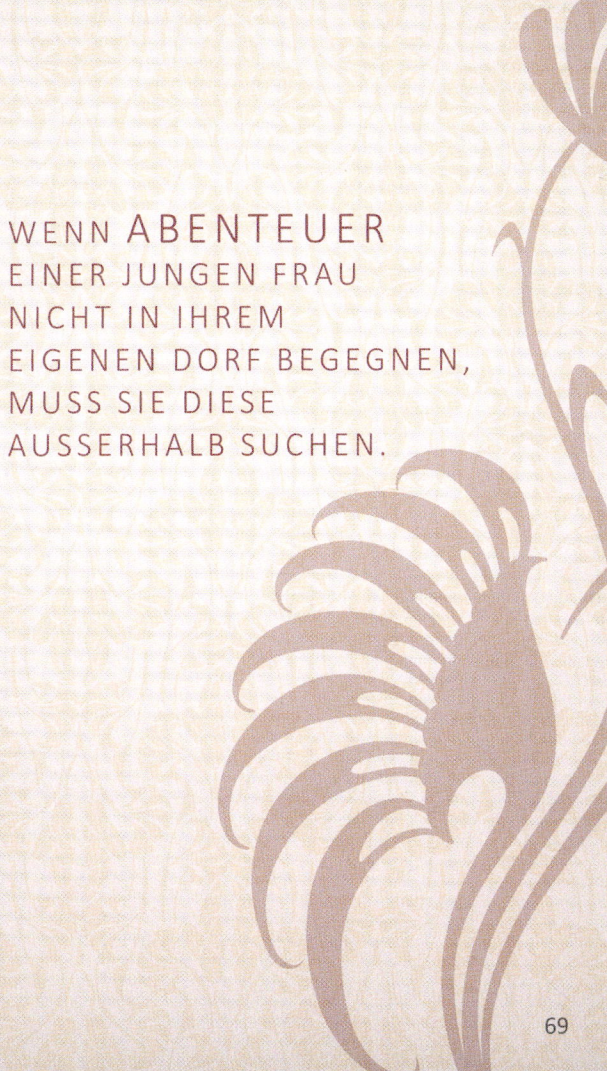

WENN ABENTEUER
EINER JUNGEN FRAU
NICHT IN IHREM
EIGENEN DORF BEGEGNEN,
MUSS SIE DIESE
AUSSERHALB SUCHEN.

Sei vorsichtig,
wie du dein Herz
gibst.

Adieu zu

Enttäuschung

und Spleen.

Was sind Männer

im Vergleich

zu Felsen

und Bergen?

Ich versichere dir.

Ich habe keine Absicht,
Männer mit solchem
Respekt zu behandeln.
So verzieht man sie.

Wenn ich nicht dazu überredet
werden konnte, etwas zu tun,
was ich als falsch ansah,
werde ich nie hereingelegt werden,
es zu machen.

Überredung

EIN MANN ERHOLT SICH
NICHT VON SOLCHER
HINGABE DES HERZENS
ZU SOLCH EINER FRAU!
ER SOLLTE NICHT;
ER TUT ES NICHT.

Wie schnell finden sich

die Gründe,

etwas zu befürworten,

was wir mögen.

Die Wege eines Mannes
mögen so gut sein wie die eines
andern, aber wir alle mögen
unseren eigenen am liebsten.

ES HÄTTE KEINE
ZWEI HERZEN
SO OFFEN,
KEINE GESCHMÄCKE
SO ÄHNLICH,
KEINE GEFÜHLE
IN SOLCHER EINHEIT
GEBEN KÖNNEN.

Ich hasse es,
dich so über Frauen reden zu hören,
als ob sie feine Damen anstatt
von rationalen Kreaturen wären.
Keine von uns möchte ihr ganzes Leben
in ruhigen Gewässern verbringen.

DU DURCHSTICHST

MEINE SEELE.

ICH BIN HALB QUAL,

HALB HOFFNUNG …

ICH HABE KEINE GELIEBT

AUSSER DIR.

Sie hoffte, im Laufe der Zeit
weise und vernünftig zu werden;
aber leider! Leider!
Sie musste sich selber eingestehen,
dass sie noch nicht weise war.

Es gibt so viele,
die vergessen,
ernsthaft zu denken,
bis es fast
zu spät ist dafür.

Die Zeit
wird es
verraten.

Lasst uns nie die **Macht**
eines gut geschriebenen
Briefes unterschätzen.

Nun waren sie Fremde;

schlimmer als Fremde,

denn sie konnten sich nie

bekannt gemacht werden.

Wage es nicht zu sagen,
dass der Mann schneller vergisst als die Frau,
dass seine Liebe einen früheren Tod findet.

Sie war in ihrer Jugend
zur Vorsicht gezwungen worden,
sie lernte Romantik, als sie
älter wurde: die natürliche
Fortsetzung eines
unnatürlichen Anfangs.

Anne hoffte, sie hatte das Alter
des Errötens überlebt;
aber das Alter der Emotionen
sicherlich nicht.

»Die letzten paar Stunden waren sicherlich
sehr schmerzhaft-,« antwortete Anne,
»aber wenn der Schmerz vorüber ist,
wird die Erinnerung daran oftmals zum
Vergnügen. Man liebt einen Ort nicht weniger,
weil man an ihm gelitten hat, außer man
hat dort nur gelitten, nichts als gelitten.«

Seine kalte Höflichkeit,
sein feierlicher Anstand
waren schlimmer
als alles andere.

Sie verstand ihn. Er konnte ihr nicht vergeben, aber er konnte nicht gefühllos sein. Obwohl er sie für ihre Vergangenheit verurteilte und diese mit großer und ungerechter Ungunst bedachte, obwohl vollkommen gleichgültig ihr gegenüber und sich von einer anderen angezogen fühlend, konnte er sie trotzdem nicht leiden sehen, ohne den Drang zu haben, sie zu erlösen. Es war eine Erinnerung an frühere Gefühle; es war ein Impuls reiner, jedoch uneingestandener Freundschaft; es war ein Beweis seines eigenen warmen und liebenswerten Herzens, welches sie nicht ohne solche von Vergnügen und Schmerz gemischten Gefühle betrachten konnte, dass sie nicht wusste, welches überwog.

Briefe
an
Cassandra

Mrs. Hall kam gestern einige Wochen zu früh mit einer Totgeburt nieder – was wohl darauf zurückzuführen ist, dass ihr der Schreck in die Glieder gefahren war. Wahrscheinlich hat sie versehentlich ihren Ehemann angeguckt.

Charles Powlett hat am Donnerstag einen Ball gegeben, zum großen Verdruss all seiner Nachbarn natürlich; es versteht sich von selbst, dass sie alle mit äußerst lebhaftem Interesse sein finanzielles Wohlergehen verfolgen – in der Hoffnung freilich, von seinem baldigen Ruin zu hören.

Charles Powlett ist sehr krank gewesen,
kommt aber wieder auf die Beine;
seine Frau ist genau so, wie sie nach
Ansicht der Nachbarn sein soll –
gleichermaßen einfältig wie widerwärtig und
verschwenderisch.

In Paragon trafen wir Mrs. Foley und
Mrs. Dowdeswell, die ihren gelben Schal
zur Schau stellte; und am Fuße von Kingsdown
Hill trafen wir einen Gentleman in einem
Einspänner, ein Gentleman, der sich bei
sorgfältiger Betrachtung als Dr. Hall entpuppte –
als ein Dr. Hall in solch tiefer Trauer, dass
entweder seine Mutter, seine Ehefrau oder
er selbst gestorben sein müssen.

Miss Debary trat auf, gemeinsam
mit ihren Schwestern Susan und Sally;
... zu ihnen war ich so höflich,
wie es ihr Mundgeruch erlaubte.

Anlass, fröhlich zu sein, habe ich jedoch
nicht, es sei denn, ich erklärte es zu einem
freudigen Ereignis, dass Mrs. Wylmot
wieder einen Sohn bekommen und Lord
Lucan sich eine Mätresse zugelegt hat –
ohne Frage Begebenheiten, die für die
Beteiligten erfreulich sind.

Dass sich Mrs. Whitfields Krankheit
verschlimmert hat, tut mir leid;
genauso, dass die arme Marianne Bridges
so viel leiden musste – das sind ein paar
meiner Sorgen. Beweinen sollte ich
wohl auch den Umstand, dass Mrs. Deedes
wieder mal ein Kind erwartet.

ICH HABE VON
MR. WALLERS TOD GEHÖRT.
NUN, DARÜBER TRAUERN
KANN ICH NICHT,
UND ALLZU SEHR KANN ES
VIELLEICHT AUCH
SEINE WITWE NICHT.

Denk nur, Mrs. Holder ist tot!
Arme Frau, sie hat das Einzige auf
der Welt getan, was sie überhaupt
nur tun konnte, um einen daran
zu hindern, über sie zu lästern.

Es ist sehr **wahrscheinlich,** dass
unsere Gleichgültigkeit bald gegenseitig
sein wird, es sei denn, seine Zuneigung,
die scheinbar der Tatsache entsprang,
dass er mich gar nicht kennt, wird
am besten dadurch genährt, dass er
mich nie wiedersieht.

Ich mag die Miss Blackstones nicht;
eigentlich war ich schon immer entschlossen,
sie nicht zu mögen, also ist das wohl
keine große **Leistung.**

Ich hatte einen sehr

ANGENEHMEN ABEND,

auch wenn Du vermutlich

herausfinden wirst,

dass es keinen besonderen

Grund dafür gab;

aber ich denke, es lohnt sich nicht,

so lange auf Vergnügen

zu warten, bis es eine wirkliche

Gelegenheit dazu gibt.

Es waren nicht viele

Schönheiten anwesend,

und die, die da waren,

waren nicht besonders hübsch.

Du verdienst einen längeren Brief als diesen;
aber es ist mein unglückliches Schicksal,
Menschen selten so gut zu behandeln,
wie sie es verdienen.

ZU DIR WERDE ICH SAGEN,
WIE ICH ES SCHON OFT
GESAGT HABE, SEI NICHT
IN EILE, DER RICHTIGE MANN
WIRD ZULETZT KOMMEN …

Cover: standa_art/Shutterstock.com, Kurdanfell/Shutterstock.com
Bilder: S.15, 27: akg-images/British Library, S. 39: akg-images/Heritage-Images/
The Print Collector, S. 51: akg-images/Fototeca Gilardi, S. 85: akg-images/WHA/
World History Archive, Rest: Getty Images/Thinkstock.
Hintergründe/Vignetten: Gorbash Varvara/Shutterstock.com, Gregor Buir/
Shutterstock.com, leziles/Shutterstock.com, jannet/Shutterstock.com,
standa_art/Shutterstock.com, glyph/Shutterstock.com, bomg/Shutterstock.com,
Rest: Getty Images/Thinkstock.

Textvermerk:
Zitate aus Jane Austen Sammelbox: 978-3-15-030036-7 Die sechs Romane:
Emma /Kloster Northanger /Mansfield Park (S. 38, S. 46 Mitte u. unten,
S. 47, S. 48 oben u. unten, S. 49) /Stolz und Vorurteil (S. 23, S. 25 oben u. unten,
26, S. 29 unten, S. 30 unten, S. 31 oben u. unten, S. 34 unten, S. 35, S. 36 oben
u. unten, S. 37 oben u. unten) / Überredung / Verstand und Gefühl (S.17 unten,
S.19 oben)
Übersetzungen von Ursula und Christian Grawe
© 2008 Philipp Reclam Verlag GmbH, Siemensstr. 32, 71254 Ditzingen

Covergestaltung: arsEdition
Innengestaltung: Eva Schindler
Printed by Tien Wah Press
ISBN 978-3-8458-2664-6
1. Auflage

www.arsedition.de